LA FIDÉLITÉ DES KANGOUROUS

Marilyne BAL

Éditions ART ET COMÉDIE
3, rue de Marivaux
75002 PARIS

ISBN : 978-2-37393-223-2
© Éditions ART ET COMÉDIE 2016

NOTE SUR L'AUTEURE

Après avoir passé plusieurs années en agence de communication en tant que chef de projet, Marilyne Bal décide du jour au lendemain de tout quitter pour s'adonner à un monde qui la fascine depuis toujours : celui du théâtre. Elle s'inscrit alors au cours Florent. Là-bas, elle participe à un atelier d'écriture et c'est le déclic… l'écriture la séduit beaucoup plus que la scène !

Sa première pièce, *Le Chant des oliviers*, avec Jean-Claude Dreyfus, Julia Duchaussoy et Frédéric Quiring, s'est créée en 2015 en Avignon puis a été reprise à Paris au théâtre du Splendid, avant d'être jouée en tournée de janvier à mai 2017.

Sa deuxième pièce, *Tous nos vœux de bonheur !* avec Marie-Hélène Lentini et Karine Dubernet s'est créée pour le festival d'Avignon 2016. Une tournée est prévue de janvier à avril 2018.

PERSONNAGES

Paul : bijoutier, marié à Hélène, sur le point de prendre sa retraite.

Hélène : femme élégante, mariée à Paul, la cinquantaine avancée.

Pierrette : maîtresse de Paul, la cinquantaine.

Mme Dubois : employée de Paul, la cinquantaine.

Le braqueur : jeune homme de vingt ans environ.

DÉCOR

Une bijouterie charmante de petite ville de province. Les présentoirs des bijoux sont dans un bois élégant. Un bureau avec une chaise d'un côté et deux chaises en face sont placés côté jardin. Côté cour, un canapé avec une table basse sont installés, une porte donne accès à une autre pièce. En fond, se trouve la porte d'entrée mais on ne peut y voir la rue. Partout il y a des boîtes de chocolats.

Paul est au téléphone, assis derrière son bureau.

PAUL. – Madame Lambert, c'est très aimable… Bien sûr je me souviens de cette bague, elle venait de votre mère, qui l'avait reçue de votre grand-mère, qui elle-même l'avait reçue de votre arrière-grand-mère, qui elle-même… *(À lui-même.)* Je vais avoir droit à tout l'arbre généalogique. *(Au téléphone.)* Bien sûr vous en trouverez un autre, il reste encore quelques vrais artisans bijoutiers… Oui, c'est ce que ma femme me dit souvent, je suis un être exceptionnel. *(Voulant couper court à la conversation.)* Bien écoutez, je… Oui, mais là je vais devoir…

> *Mme Dubois entre avec du courrier dans les mains. Il grimace pour signifier qu'il en a marre d'être au téléphone.*

MME DUBOIS. – La rançon de la gloire. Vous êtes une figure locale, monsieur Paul.

PAUL. – Madame Lambert, ne serait-ce pas votre cocotte que j'entends siffler ? La soupe est prête… Bien sûr on se reverra. Allez, au revoir, madame Lambert… Oui… Oui… Oui, au revoir ! *(Il raccroche.)* Bon sang ! Le vingtième coup de fil de la journée et regardez tous ces chocolats ; c'est plus une bijouterie, c'est devenu une confiserie !

MME **Dubois**. – Toute une vie adulé par des femmes reconnaissantes, j'en connais qu'en rêveraient.

Paul. – De vieilles emmerdeuses, oui !

MME **Dubois**. – Si elles vous entendaient !

Elle prend un chocolat au passage.

Paul. – Dites donc !

MME **Dubois**. – Plaît-il ?

Paul. – C'est le cinquième depuis ce matin.

MME **Dubois**, *surprise*. – Oh… Vous les comptez ?

Paul. – Ce sont *mes* chocolats.

MME **Dubois**. – Vous pouvez bien en donner un ou deux.

Paul. – Un ou deux oui, mais là c'est le cinquième.

MME **Dubois**. – Ne me dites pas que vous allez ingurgiter tout ça ! *(Temps.)* C'est vrai que vous et le chocolat…

Elle en vole un en douce et enfile son manteau.

Paul, *lui tendant une lettre*. – Tenez, j'allais oublier de vous donner celle-ci.

MME **Dubois**. – Vous savez, ça me fait tout drôle.

Paul. – Et moi donc ! Mais je suis heureux que vous ayez trouvé ce travail chez M. Blanchard. On continuera à se voir, je suis un de ses plus fidèles clients.

MME **Dubois**. – Quand même, plus de vingt ans dans cette bijouterie, c'est fou comme le temps passe. *(Elle regarde sa montre.)*

D'ailleurs, faut que je me dépêche si j'veux pas me retrouver l'nez face à la grille. Holà, mais il pleuviote !

Paul. – Vraiment ?

Mme Dubois. – C'est bien qu'il pleuve. Comme on dit : retraite pluvieuse… retraite heureuse !

Paul. – On ne dit pas ça des mariages ?

Mme Dubois. – Si, mais aussi pour la retraite.

Mme Dubois sort. Le téléphone sonne. Il le débranche.

Paul. – C'est terminé, je ne suis plus là.

Hélène, sa femme, habillée de façon bourgeoise, entre comme une furie.

Hélène. – Quel temps, mais quel temps ! Je suis partie sous un soleil rayonnant quand tout à coup il s'est mis à tomber des cordes. On se croirait en pleine mousson.

Paul. – Hélène… *(Regardant sa montre.)* Tu es déjà là ?

Hélène. – Quel accueil ! Ça me touche. Je suis venue plus tôt, j'ai des courses à faire, je passe juste récupérer un parapluie.

Paul. – Tu vas où ?

Hélène. – T'es bien curieux.

Paul. – Je suis ton mari.

Hélène. – Quel rapport ? Bon, ton parapluie.

Paul. – Mme Dubois est partie avec.

Hélène. – Pour quoi faire ? Elle frise pas, que je sache. T'en as pas un autre ?

PAUL, *en prend un derrière le bureau.* – Si, mais il a une branche cassée.

HÉLÈNE. – T'inquiète pas, je ferai attention à n'éborgner personne. Je me sauve. À tout à l'heure.

Elle sort. Paul prend une boîte et mange un chocolat.

PAUL. – Hmm, mes préférés ! *(Entre Pierrette, habillée de manière plus rock'n'roll.)* Pierrette !

PIERRETTE, *se dirigeant directement sur lui.* – Elle-même.

PAUL. – Qu'est-ce que tu fais là ?

PIERRETTE. – Comme tu vois, je suis venue fêter le départ en retraite de mon petit Paupaul !

Elle le plaque sur le bureau.

PAUL. – Non, non, non, non, pas ici, tu es folle !

PIERRETTE. – J'ai toujours rêvé de faire ça sur ce bureau.

PAUL, *se dégageant.* – Ma femme est dans le quartier. D'ailleurs, elle sort à l'instant. Tu ne l'as pas croisée ?

PIERRETTE. – Si, enfin non, je l'ai vue passer devant le salon avant d'entrer dans l'agence de voyage à côté.

PAUL. – L'agence de voyage, tu dis ? C'est pas vrai, elle m'offre l'Australie !

PIERRETTE. – L'Australie ?

PAUL. – J'en rêve depuis toujours. Ça fait un moment que nous n'en avions pas reparlé mais… Oh ! elle m'offre l'Australie, elle exauce mon rêve ! C'est donc ça qu'elle me cachait !

PIERRETTE. – C'est loin l'Australie.

PAUL. – Et c'est précisément ce qu'il nous faut : un long et grand voyage à deux pour relancer la passion, cette flamme qui nous a toujours unis elle et moi.

PIERRETTE. – Ça t'excite, toi, d'aller voir sauter des kangourous ? *(Se jetant sur lui.)* Parce que moi j'connais un truc bien plus réjouissant à offrir au p'tit Paupaul, si tu vois ce que je veux dire.

PAUL. – Pierrette, pas ici !

PIERRETTE. – Oh ! j'adore quand tu fais ta sainte-nitouche !

PAUL. – Pierrette, Pierrette, s'il te plaît… Pierrette… *(Criant.)* Stop !

PIERRETTE. – Qu'est-ce qu'il te prend de hurler comme ça ?

PAUL. – Je ne hurle pas mais on s'arrête, c'est terminé maintenant. Tout compte fait ce n'est pas si mal que tu sois passée, nous avons des petites choses à mettre au point toi et moi.

PIERRETTE. – J'ai rien à mettre au point, moi.

PAUL. – Écoute, Pierrette, ce que j'ai à te dire… Je te demanderai d'être forte…

PIERRETTE. – T'es malade ?!

PAUL. – Pardon ?

PIERRETTE. – T'as chopé un cancer, c'est ça ?

PAUL. – Un cancer ? Non, holà, non, tu n'y es pas.

PIERRETTE. – T'es sûr ?

PAUL. – Je n'ai chopé aucun cancer, rassure-toi.

PIERRETTE. – T'es vraiment sûr ?

PAUL. – Je le jure, enfin à ma connaissance. Tu m'inquiètes…

PIERRETTE. – Alors tu déménages ? Tu quittes la ville, la région, la France ?

PAUL. – Non plus.

PIERRETTE. – Non ?

PAUL. – Non.

PIERRETTE. – Alors tout va bien. *(Se jetant sur lui.)* À nous deux, beau brun !

PAUL. – Non, tu n'as pas compris, j'arrête, Pierrette. *(Il se dégage d'elle.)* Nous deux, c'est fini. Réfléchis : c'était pratique, avant, dans la réserve, mais sans la bijouterie nous ne pourrons plus.

PIERRETTE. – J'ai mon salon.

PAUL. – Tu sais bien que je suis allergique aux cheveux morts.

PIERRETTE. – On trouvera une autre solution.

PAUL. – Pierrette, toi et moi, c'est fini.

PIERRETTE. – Fini ?!

PAUL. – Écoute, si pour se voir je dois mentir à ma femme, je me connais, je ne vais pas savoir.

PIERRETTE. – Quinze ans que tu lui mens, t'es pas un peu en train de te foutre de ma gueule ?

PAUL. – Faux ! Je ne lui mens pas, elle ignore tout, nuance.

PIERRETTE. – Oh ! la mauvaise foi !

PAUL. – Jamais je ne lui ai menti.

PIERRETTE. – Évidemment, entre midi et deux elle n'était pas là pour voir.

PAUL. – Donc jusqu'à ce jour je n'ai jamais eu besoin de lui mentir. Alors que si demain je dois inventer une raison pour te voir, là je vais devoir lui mentir et ça… je me sentirai coupable. *(Temps. Pierrette le regarde.)* Quoi ?

PIERRETTE. – J'en ai connu des menteurs, baratineurs, lâches et limite pervers, mais là respect, je suis face à leur maître.

PAUL. – Si c'est ta vision des choses…

PIERRETTE. – Enfin, comment tu peux nous faire ça ? On s'amusait bien, toi et moi.

PAUL. – Écoute, Pierrette…

PIERRETTE. – Non, t'es qu'un salaud ! Qu'est-ce que je vais devenir sans toi ?

PAUL. – T'en trouveras un autre.

PIERRETTE. – Appelle-moi salope tant que t'y es !

PAUL. – Non, ce que je veux dire c'est… *(Prenant le sac que Pierrette a dans la main.)* Tu m'avais apporté des chocolats ?

PIERRETTE. – Tes préférés.

PAUL. – Comme c'est gentil… *(Regardant sa montre.)* Écoute, Pierrette, maintenant il faut que tu partes.

PIERRETTE. – Tu me mets dehors, en plus ?

PAUL. – Ma femme ne va pas tarder à revenir, ni Mme Dubois d'ailleurs… *(Un homme entre.)* Et j'ai des clients.

PIERRETTE. – Un badaud.

Paul. – Non, un client. *(La poussant vers la sortie.)* Allez, maintenant, s'il te plaît, j'ai du travail.

Pierrette. – Mais tu ne peux pas…

Paul. – On s'appelle, d'accord ? *(Pierrette sort en ayant gardé sa boîte de chocolats.)* Mince, elle est repartie avec les chocolats. Bonjour, monsieur.

L'homme. – Bonjour.

Paul. – Puis-je vous aider ?

L'homme. – Je me tâte.

Paul. – Vous vous tâtez ?

L'homme. – Oui, je me tâte.

Paul. – Peut-être puis-je vous aider à moins vous tâter ? Vous cherchez quelque chose à offrir ?

Mme Dubois entre.

Mme Dubois. – Le soleil est de retour. Quelle averse ! Vous avez vu ? Heureusement que vous m'avez prêté votre pépin, sinon j'aurais été trempée comme une soupe. Oh ! dites donc, y avait personne à la Poste, un vrai bonheur ! *(Paul la regarde avec le sourire lui indiquant la présence d'un client.)* Oups ! Je vous laisse travailler, d'ailleurs il me reste encore quelques papiers à classer.

Elle sort.

Paul. – Bien. Où en étions-nous ? Vous avez une envie particulière ? Une bague, un collier, un pendentif, un bracelet ?

Pierrette entre comme une furie.

Pierrette. – Paul !

PAUL. – Encore ? Pierrette, sors d'ici, je suis avec un client.

PIERRETTE. – Tu n'as pas le droit.

PAUL. – Écoute…

PIERRETTE. – Tu n'as pas le droit de m'abandonner.

PAUL. – Pierrette, sois raisonnable.

PIERRETTE, *tendant la boîte de chocolats*. – Je t'avais apporté des chocolats, ceux avec le cœur caramel coulant rehaussé d'une petite pointe de sel !

PAUL. – C'est très gentil.

PIERRETTE, *s'agrippant à lui*. – Oh ! Paul, tu n'as pas le droit de me laisser en plein chaos !

PAUL. – Pierrette… *(À l'homme.)* Je suis à vous.

L'HOMME. – Je retourne voir les vitrines, je me tâte encore.

PAUL. – Non, je m'occupe de vous.

L'HOMME. – Je reviens.

Il sort.

PAUL. – Pierrette, reprends-toi !

PIERRETTE. – Tu m'as brisée.

PAUL. – Mais non.

PIERRETTE. – Si.

PAUL. – Mais non.

PIERRETTE. – Si.

PAUL. – Mais non, t'en trouveras un autre.

Pierrette. – Encore !

Elle le gifle.

Paul. – Tu m'as giflé !

Pierrette. – Tu n'es qu'un mufle.

Paul. – C'est un compliment que je te faisais là.

Pierrette. – De me traiter de marie-couche-toi-là ?! Paul, c'est toi que je veux.

Paul. – Écoute, je suis vieux maintenant.

Pierrette. – Soixante ans, tu parles ! T'es vieux quand ça t'arrange. Et puis si moi j'ai envie d'un vieux ?

Mme Dubois, *arrivant*. – Comme on dit : c'est dans les vieux pots qu'on fait les meilleures soupes. *(Les deux la regardent.)* Quoi ?

Pierrette. – Elle est revenue, elle ?

Paul. – Vous écoutez aux portes, madame Dubois ?

Mme Dubois. – Ah non ! Ah ça non ! Je vous le jure !

Paul. – Vous avez entendu de quoi nous débattions ?

Mme Dubois. – Heu… non… j'ai juste entendu « j'ai envie d'un vieux ».

Paul. – Et vous en concluez que c'est dans les vieux pots qu'on fait les meilleures soupes.

Mme Dubois. – Vous parliez de quoi ?

Pierrette. – De mon tapis.

Mme Dubois. – Vous préférez les vieux tapis ?

Paul. – Madame Dubois, vous vouliez me demander quelque chose ?

Mme Dubois. – Non, je venais chercher les ciseaux… *(Les voyant.)*… qui sont là.

Elle sort.

Pierrette, *s'agrippant à lui.* – Oh ! Paul, toi et moi c'était bien. Et mon week-end à Venise ?

Paul. – Quel week-end à Venise ?

Pierrette. – Tu me l'as promis.

Paul. – Comment ça, je te l'ai promis ?

Pierrette. – Parfaitement ! On fait un deal : tu veux me quitter, d'accord ! Mais ce sera à Venise ou… je révèle tout à Hélène.

Paul. – Salope !

L'homme entre à nouveau dans la bijouterie.

L'homme. – Vous occupez pas de moi, je regarde.

Paul. – C'est ça, continuez à vous tâter ! *(À Pierrette, doucement.)* Si tu veux bien, on reparlera de ça plus tard.

Pierrette. – Ne cherche pas à te défiler, Paul !

Paul, *avec un air innocent.* – Moi, me défiler…

Pierrette. – Oui, c'est bien te connaître, je sais.

Paul. – Écoute, ça suffit maintenant, Pierrette.

Pierrette. – Non, Paul, je veux et j'exige mon week-end à Venise !

MME **D**UBOIS, *revenant.* – « Laisse les gondoles à Venise, le printemps sur la Tamise, on n'ouvre pas les valises, on est si bien… » *(Temps. Paul et Pierrette la regardent.)* Je viens prendre le scotch.

Elle repart en chantonnant.

PIERRETTE. – Je l'ai toujours trouvée un peu spéciale.

PAUL. – Elle est gentille.

PIERRETTE. – C'est ça.

PAUL. – Ce n'est pas simple pour elle, avec sa maman atteinte d'Alzheimer.

PIERRETTE. – Et c'est aujourd'hui elle qui commence à yoyoter !

PAUL. – Un peu de compassion, je l'aime beaucoup.

PIERRETTE. – Très bien, emmène-la à Venise, elle !

PAUL. – Enfin, qu'est-ce que tu racontes ? Écoute, laisse-moi, j'ai des clients.

PIERRETTE. – Un ! La belle affaire !

PAUL, *à l'homme.* – J'arrive, monsieur. Maintenant, Pierrette, du balai !

Il l'oblige à sortir.

PIERRETTE. – Je reviendrai, Paul, je la veux ma gondole, tu entends, je la veux et je l'aurai !

PAUL. – C'est ça, on lui dira, les gondoles, les valises et le tutti quanti. *(Pierrette sort.)* À nous ! Donc c'est pour offrir.

L'homme fait un signe de tête pour acquiescer. Hélène entre au même moment.

Hélène. – Voilà que le soleil revient.

Paul, *surpris*. – Déjà de retour ?

Hélène. – Tu es désagréable avec tout le monde aujourd'hui ou j'ai le droit à un traitement de faveur ?

Paul. – Pourquoi dis-tu ça ?

Hélène. – « Déjà là ? Déjà de retour ? » T'es heureux de me voir, on dirait.

Paul. – Mais pas du tout, ma tendre et chère épouse. *(Il se positionne devant elle.)* Bon, alors ?

Hélène, *surprise*. – Alors quoi ?

Paul. – Tu n'as pas quelque chose à m'annoncer ?

Hélène. – Heu… non… Ah si ! Je viens de croiser Pierrette ; elle n'a pas un peu grossi ?

Paul. – Je sais pas… Allez, je tente… *(Il se met à sautiller sur place.)* Je chauffe, n'est-ce pas ?

Hélène. – Qu'est-ce qui te prend ?

Paul. – Je suis même sûr que je brûle. *(Devant la froideur de sa femme, il s'arrête.)* D'accord, tu préfères me faire la surprise plus tard, pas de problème, j'attendrai. *(Temps.)* Allez, avoue que c'est ça ! *(Temps.)* Tu ne veux rien me dire ?

Hélène. – Que veux-tu entendre, au juste, Paul ?

Paul. – Très bien, puisque tu le prends comme ça… *(Criant.)* Madame Dubois ! Madame Dubois !

Mme Dubois, *arrivant*. – Oui, monsieur Paul ?

Paul. – Apportez, s'il vous plaît, le champagne et les coupes, nous allons fêter mon départ en retraite sur-le-champ.

Mme Dubois. – Déjà ? Mais il n'est pas encore l'heure de la fermeture !

Paul. – On s'en moque.

Mme Dubois. – Vous avez raison, après l'heure c'est plus l'heure et avant l'heure… *(Elle réfléchit.)* À la bonne heure ! *(Elle se stoppe net.)* Mais dites, nous ne pouvons pas… Nous avons encore du monde.

Elle fait un signe de tête pour indiquer le jeune homme.

Paul. – Oui, ben il va bien finir par arrêter de se tâter. Apportez le champagne !

Mme Dubois. – Très bien. Champagne !

Elle part en réserve.

Hélène, *regardant autour d'elle.* – Dis-moi, tu vas pouvoir ouvrir une chocolaterie.

Paul. – Tu plaisantes ? J'en ai à peine pour trois semaines, là.

Hélène. – Tu ne penses pas qu'on devrait plutôt les offrir au Secours populaire pour le prochain Noël ?

Paul. – Comment ? Non ! Ce sont *mes* chocolats.

Hélène. – Tu ne vas pas manger tout ça !

Paul. – Près de trente-cinq ans que nous sommes mariés et j'ai parfois l'impression que tu ne connais pas l'homme avec qui tu as partagé toutes ces années.

Hélène. – Oh ! que si !

Paul. – Cette retraite va nous être bénéfique, je me suis toujours promis que j'arrêterais à soixante ans, justement pour profiter de nous. Je sens que nous allons réapprendre à nous connaître, à nous redécouvrir.

Mme Dubois, *revenant avec les coupes et le champagne.* – Dites, madame Paul, j'aimerais vérifier un détail sur ma dernière feuille de paye ; ce n'est pas grand-chose mais tant que nous avons encore les idées claires je préfèrerais voir ça maintenant avec vous si ça ne vous dérange pas.

Hélène. – Bien sûr, madame Dubois, montrez-moi, je vous suis.

Mme Dubois et Hélène partent en réserve. Paul reste seul au milieu de la bijouterie. Un temps. Il avait oublié l'homme présent près des vitrines, jusqu'à ce qu'il se retourne et l'aperçoive. Il le voit et grimace.

Paul. – Alors, jeune homme, on se décide enfin ou on se tâte toujours ?

L'homme. – Mon choix se précise.

Paul. – Bingo !

Pierrette entre comme une furie.

Pierrette. – Paul !

Paul. – Encore ! Mais t'es infernale !

Pierrette. – J'ai bien réfléchi et je ne vais pas me laisser faire ! Pour qui tu te prends, espèce de vaurien ?!

Paul, *doucement.* – Pierrette, parle moins fort, ma femme est à côté !

Pierrette. – M'en fous ! Mon mari part à la Toussaint trois jours en Sologne pour un week-end de chasse, alors je veux et j'exige mon Venise à ce moment-là.

Paul. – Dans un mois ?! T'es devenue folle ! *(À lui-même.)* Elle est devenue folle.

Pierrette, *hurlant*. – Tu me traites de folle maintenant ?!

Paul. – Mais tu vas te taire, espèce de malade ?!

Pierrette, *criant*. – Malade, maintenant je suis malade ?

Mme Dubois, *revenant avec une assiette de petits biscuits*. – « Complètement malade, comme quand ma mère sortait le soir et qu'elle me laissait seul avec mon désespoir… » *(Temps. Ils la regardent tous deux.)* C'était le chanteur préféré de maman. Parfois j'essaie de lui faire écouter quelques-unes de ses chansons pour qu'elle se rappelle, mais bon… ça dure trois secondes et plus rien, comme si tout se re-déconnectait. *(Paul lui pose une main chaleureuse sur l'épaule.)* Au fait, merci monsieur Paul pour la p'tite prime. J'ai cru que vous aviez fait une erreur alors j'ai pas osé vous demander tout à l'heure parce que vous et les chiffres…

Paul. – Je sais quand même lire une feuille de paye.

Mme Dubois. – Oui, mais m'en voulez pas d'avoir demandé à Mme Paul, c'est elle la comptable. C'est une sacrée prime, deux mille euros.

Paul. – Vous la méritez, madame Dubois.

Mme Dubois. – Merci. Vous savez quoi ? Je crois que je vais emmener maman en vacances en Italie, elle a toujours rêvé de Venise.

Pierrette. – Comme je la comprends !

Hélène, *revenant*. – J'ai entendu crier. Pierrette, c'était toi ?

Pierrette. – Non, enfin si, j'ai cru voir une souris.

Hélène. – Ici ? Tu veux rire ! Quel bon vent t'amène ? Le départ en retraite de pépère ?

Paul. – Comment ça, pépère ?

Hélène. – Je plaisante, mon chéri.

Paul. – Je t'en foutrais de pépère ! J'en connais des petits jeunots qui signeraient tout de suite pour à mon âge avoir cette élégance de prince, cette vaillance de sportif, cette allure de top model, ce port de tête de jeune premier.

Hélène, *à Pierrette*. – Il est d'une susceptibilité…

Pierrette. – Ça !

Hélène. – Dis, tu vas rester boire une coupette avec nous ?

Pierrette. – Je ne voudrais pas m'imposer.

Paul, *la conduisant vers la porte*. – Et tu as raison : ne jamais faire attendre un client.

Hélène. – Paul, qu'est-ce que tu fais ?

Paul. – Elle passait en coup de vent, entre deux colorations faut pas traîner, une couleur trop longtemps posée et… *(Il cherche la suite.)*

Mme Dubois. – … et bonjour la tignasse fanée !

Paul. – Exactement !

Pierrette. – Alexandra et Xavier s'occupent de tout, n'aie crainte, mais j'apprécie que tu te soucies de mes clients.

HÉLÈNE. – Parfait. Tu vas donc rester boire une coupette.

Mᴹᴱ **DUBOIS**. – Je vais chercher un verre. Comme on dit : quand il y en a pour trois, il y en a pour quatre.

HÉLÈNE. – Déjà que Paul a souhaité que cette petite fête se fasse en comité restreint… Je lui avais pourtant dit que ce serait bien d'inviter ses clients les plus fidèles, mais bon, pas envie.

PIERRETTE. – Ça, toujours têtu comme une mule.

PAUL. – Une grande fête pour quoi faire ? Pour me retrouver nez à nez avec ces pique-assiettes venus uniquement pour les petits-fours ?

HÉLÈNE. – T'exagères ! Nombreux sont ceux qui t'ont offert des chocolats.

PAUL. – Elles peuvent, ces vieilles bourgeoises, vu les heures passées à m'enquiquiner sur leurs exigences de vieilles rombières ! *(Avec un ton moqueur.)* Et on veut de l'or, et on veut des diamants, et on veut du clinquant mais attention pas trop cher, hein monsieur Paul ? Ben non, on veut montrer qu'on est de la haute mais on veut pas dépenser un radis, rapiat !

Mᴹᴱ **DUBOIS**, *revenant avec une coupe*. – C'est vrai qu'on s'en est tapé des emmerdeuses, les vieilles surtout, ce sont les pires.

PAUL, *à l'homme*. – Bon, et nous, on s'est décidé ? Parce que là, comme vous voyez, il ne nous reste plus beaucoup de temps.

L'HOMME. – Je veux bien voir celle-là.

PAUL. – Laquelle ?

Mᴹᴱ **DUBOIS**, *se penchant pour regarder*. – Celle qui crie « l'amour n'a pas de prix ».

L'homme acquiesce. Paul sort la bague.

HÉLÈNE. – On va servir le champagne, qu'en dis-tu ?

PIERRETTE. – Que c'est une bonne idée.

PAUL, *sortant une bague.* – Voilà. C'est une de mes plus belles pièces, en or blanc sertie de trois diamants.

L'HOMME. – Pas mal, ouais.

PAUL. – Pas mal ? C'est du travail de maître. Elle vous plaît ?

L'HOMME. – Elle me plaît.

MME DUBOIS, *aux deux femmes.* – Bien, emballé c'est pesé ! Vous savez qu'il en faut de la patience pour travailler ici…

PAUL, *à l'homme.* – Donc nous la prenons ?

L'HOMME. – Nous la prenons… et surtout je la prends.

L'homme la lui arrache des mains et la met dans sa poche.

PAUL. – Qu'est-ce que vous faites ?

Il sort une machette qu'il avait camouflée dans son manteau.

L'HOMME. – Ne bougez pas !

HÉLÈNE. – Oh ! mon Dieu, un couteau !

PIERRETTE. – Je ne m'y connais pas beaucoup, mais on dirait plutôt…

PAUL. – … une machette.

L'HOMME, *menaçant.* – Personne ne bouge, je vais sortir d'ici tranquillement sans que personne ne fasse un pas.

MME **DUBOIS**. – Sauf vous. Si vous voulez sortir d'ici, vous devrez bien faire quelques pas.

PAUL. – Jeune homme, ne soyez pas ridicule, vous n'irez pas bien loin.

Mme Dubois se déplace doucement vers le bureau.

L'HOMME. – Ne bougez pas !

PAUL. – On a vu votre visage, la police va vous retrouver en moins de deux, à moins bien sûr de nous égorger tous.

PIERRETTE. – C'est ça, donne-lui des idées ! *(À Hélène.)* Mais qu'il est con, ton mari, parfois !

Mme Dubois part se coller doucement au bureau.

L'HOMME. – Vous, là-bas, ne bougez pas j'ai dit.

MME **DUBOIS**. – Pourquoi ? Vous allez me tirer dessus ?

Elle se jette sous le bureau et appuie sur un bouton.

PAUL, *criant*. – Non, madame Dubois, non ! *(Un grand rideau de fer tombe sur la porte d'entrée.)* Mais qu'avez-vous fait, malheureuse ?!

L'HOMME. – C'est quoi ce bordel ? Ouvrez cette porte !

MME **DUBOIS**. – Pourquoi l'alarme ne se déclenche pas ?

Elle réappuie dessus avec vigueur.

PAUL. – Arrêtez, ça ne sert à rien, vous nous avez enfermés.

HÉLÈNE. – Qu'est-ce que tu racontes ? On ne peut pas être enfermés.

PAUL. – Si.

PIERRETTE. – Ça va pas être possible.

Elle commence à se sentir mal.

PAUL. – Calme-toi, Pierrette.

PIERRETTE. – Ça va pas être possible.

Elle respire bruyamment.

HÉLÈNE, *lui tendant une chaise.* – Assieds-toi, je dois avoir un sac plastique dans mon sac. *(Elle lui tend un sac.)* Tiens, prends, inspire et expire. *(Pierrette le prend et respire dans le sac.)* Maintenant, Paul, ouvre cette porte.

PAUL. – Je ne peux pas, pour ça il faudrait appeler…

L'HOMME. – On n'appelle personne.

Il prend le fil du téléphone et le coupe.

PAUL. – Mon téléphone ! Vous êtes cinglé ! Écoutez, jeune homme…

L'HOMME. – Non, c'est vous qui allez m'écouter. Vous allez rouvrir cette porte illico presto, d'ac ?

PAUL. – Non, pas d'ac, je ne peux pas.

HÉLÈNE. – Paul, ce n'est pas possible.

PAUL. – Si, il y a un dysfonctionnement.

PIERRETTE. – Oh ! j'me sens pas bien ! Il fait chaud, non ?

HÉLÈNE, *lui tendant une coupe.* – Bois, ça va te rafraîchir. *(Pierrette boit une coupe cul sec.)* Ça va mieux ?

Elle boit une seconde coupe cul sec.

MME **Dubois**. – Bien frais, bien agréable comme dirait l'autre. C'est vrai que ça donne chaud ces émotions. *(Elle boit une coupe à son tour devant le regard interloqué d'Hélène.)* Plaît-il?

L'homme. – Bon, c'est fini ce bordel? Vous allez me l'ouvrir cette putain de porte?

Paul. – Vous êtes bouché? Je vous dis que je ne peux pas, il y a un dysfonctionnement, la porte est bloquée. Vous comprenez le mot dysfonctionnement?

L'homme, *menaçant*. – Ne me prenez pas pour un abruti!

Hélène. – Arrêtons, ça ne sert à rien de nous énerver.

Pierrette. – J'ai besoin d'air.

Hélène. – Le sac, Pierrette, le sac! *(Mme Dubois prend le sac et le met maladroitement devant le visage de Pierrette.)* Rassemblons-nous.

Pierrette, *retirant le sac de son visage*. – J'étouffe, j'ai soif.

MME **Dubois**. – Tiendez, buvez encore une petite coupette, ça va vous ramollir…

Hélène, *se détournant vers Paul*. – Paul, peux-tu m'expliquer de quel dysfonctionnement tu parles?

Paul. – Je m'en suis aperçu la semaine dernière en faisant tomber mon stylo.

Hélène. – Je ne sais pas pourquoi, mais je sens que je ne vais pas tarder à avoir envie de te tuer.

Paul. – L'autre jour, j'ai fait tomber mon stylo sous le bureau, je me suis mis à quatre pattes pour le ramasser et au moment de me relever j'ai malencontreusement appuyé sur le bouton d'appel d'urgence, chose qui ne m'était jamais arrivée, j'ai toujours fait attention, mais je ne sais pas, j'avais mal dormi cette nuit-là, du coup j'étais fatigué, un peu cotonneux, tu vois… À mon avis c'était à cause de ton canard.

HÉLÈNE. – Mon canard ?

PAUL. – Il m'était resté sur l'estomac.

HÉLÈNE. – Comment ça ? Il était parfait.

PAUL. – Il était gras.

HÉLÈNE. – Il n'était pas gras, seulement tu l'as mangé en entier.

PAUL. – Chérie, reconnais que ton canard était…

L'HOMME. – On s'en fout du canard !

PIERRETTE. – Il a pas tort, on s'en bat les couettes de ton canard !

L'HOMME. – Qu'est-ce qui s'est passé quand vous avez appuyé sur le bouton ?

PAUL. – Ça n'a pas déclenché d'alarme mais ça a engendré la fermeture automatique de la porte.

MME DUBOIS. – Vous ne me l'avez pas dit.

PAUL. – Vous aviez pris votre journée ce jour-là.

HÉLÈNE. – Et t'as pas cherché à faire réparer ?

PAUL. – J'ai appelé un technicien, mais quand il m'a annoncé le prix…

L'HOMME. – Je vais le tuer.

HÉLÈNE. – Moi d'abord.

Pierrette. – Je vais t'aider.

Paul. – Non, mais vous devenez folles !

Mme Dubois. – Le manque d'air, monsieur Paul, le manque d'air. Rassurez-vous, moi je n'ai pas encore envie de vous tuer, mais ça peut venir.

Hélène. – Paul, on est bien assurés ? *(Silence.)* Paul ?

Paul. – L'assurance prenait fin le mois dernier, je n'ai pas cru bon à un mois de ma cessation d'activité…

Hélène, *à l'homme*. – Donnez-moi votre machette.

L'homme. – Restez à votre place ou je vous égorge tous.

Tous se figent.

Paul. – Chérie, écoute, les affaires n'ont pas été glorieuses dernièrement…

Mme Dubois. – Ah ça… Et comme on dit : il n'y a pas de petites économies.

Paul. – Tu vois, même Mme Dubois le dit.

Pierrette. – Et comment on fait maintenant ? Oh là là ! Je me sens pas bien…

Elle respire dans son sac.

Mme Dubois. – Moi je vois qu'une chose… *(Tous la regardent, comme s'ils attendaient une réponse miraculeuse.)* Faut appeler un réparateur.

L'homme. – Personne n'appelle personne. D'ailleurs, donnez vos portables. *(Personne ne bouge. Il crie.)* Vos portables ! À moins que vous préfériez qu'après vous avoir égorgés, je vous dépèce un par un ! *(Il prend un air furieux avec des yeux exorbités. Tous remettent leurs portables sauf Hélène.)* Chère madame, votre portable s'il vous plaît.

HÉLÈNE. – Je l'ai oublié à la maison.

L'HOMME. – Vraiment ? *(Prenant le portable que lui a remis Paul.)* C'est bien le vôtre ?

PAUL. – Qu'est-ce que vous faites ?

L'HOMME, *cherchant*. – Alors, derniers numéros appelés… « Amour de ma vie » ! *(Il regarde Hélène.)* C'est vous ? *(Il regarde Pierrette.)* Ou vous ? *(Il regarde Mme Dubois.)* Ou bien vous ?

Mme DUBOIS, *gênée*. – Oh…

On entend une sonnerie qui provient d'Hélène. L'homme s'approche d'elle, menaçant. Elle lui tend son portable.

L'HOMME. – Maintenant, on arrête de me prendre pour un con. *(À Paul.)* Vous, ouvrez cette porte.

PAUL. – Quel mot vous ne comprenez pas quand je dis « la porte est bloquée » ?

L'HOMME. – C'est ce qu'on va voir, si jamais j'y arrive…

Il va vers la porte pour tenter de l'ouvrir. Hélène, énervée, lance des regards noirs à Paul.

PAUL. – Quoi ?

HÉLÈNE. – J'essaie, tu sais, oh oui, j'essaie… mais malgré toute la bonne volonté du monde, je ne te comprends pas. Comment n'as-tu pas renouvelé l'assurance ?

Paul. – Écoute, sur toute une carrière je n'ai jamais connu le moindre braquage ni même cambriolage.

Pierrette. – Et faut que ça arrive aujourd'hui !

Mme Dubois. – Comme on dit : faut toujours une première fois.

Hélène. – S'il vous plaît, madame Dubois, vous pourriez nous épargner vos… hein !

Mme Dubois. – Mes hein… quoi ?

L'homme, *revenant*. – Bon, on s'en tape ! Comment je sors, moi, si cette porte s'ouvre pas ?

Paul. – Désolé mon p'tit gars, mais vous n'avez pas choisi la bonne bijouterie.

Mme Dubois. – Pas de chance au jeu, pas de chance au jeu… Bye-bye la femme de votre vie.

L'homme, *menaçant Paul*. – Sortez-moi d'ici ou cette bijouterie va finir en bain de sang.

Paul. – Les femmes et les enfants d'abord. *(Temps.)* Je plaisante, j'essaie de détendre l'atmosphère.

Hélène. – C'est bien le moment.

Mme Dubois. – Je suis bien d'accord avec vous, il y a un temps pour tout et le temps pour la rigolade n'est pas présentement.

L'homme, *s'énervant*. – Mais putain, pourquoi vous ne m'avez pas dit que ce bouton bloquait la porte ?

Paul. – Pardon ?

L'homme. – Vous m'avez juste dit que l'alarme ne se déclenchait pas, pas que ça nous enfermait automatiquement à l'intérieur, putain de bordel de merde !

Paul. – Excusez-moi, je ne suis pas sûr de bien comprendre.

L'homme. – C'est moi le technicien que vous avez eu l'autre jour.

Pierrette. – Oh ! la vermine !

L'homme. – Comment vous avez fait la dernière fois pour sortir ?

Paul. – C'est vous que j'ai eu au téléphone ?

L'homme. – On s'en fout ! Je veux savoir comment vous avez fait pour sortir.

Paul. – Ben… ça s'est miraculeusement rouvert.

L'homme. – Arrêtez de vous foutre de ma gueule, je vous jure, arrêtez.

Paul. – C'est pourtant la vérité.

L'homme. – Allez ouvrir !

Paul. – Le monsieur vous dit que c'est impossible.

L'homme, *prenant un trombone*. – Prenez ça !

Paul. – Un trombone ? Vous voulez que je déverrouille une porte blindée avec un trombone ? Vous vous croyez dans les *Experts*, mon p'tit père.

Mme Dubois. – Essayez.

Paul. – Je vous dis qu'on est coincés, y a juste à attendre un peu, je vous assure que ça s'est rouvert comme ça, tout seul, croix de bois, croix de fer…

Mme **Dubois**. – Attention, si vous mentez, vous allez en enfer !

L'homme. – O.K., alors tout le monde se calme, on va tous attendre patiemment que cette porte se décide à se rouvrir. *(À Paul.)* C'est bien cela ?

Paul acquiesce par un signe de tête.

Mme **Dubois**. – Au pire si ça durait trop longtemps, on a toujours les chocolats et le champagne… Il paraît que l'association des deux est… *(Elle rit, un peu coquine.)*… très aphrodisiaque, si vous voyez ce que je veux dire ! *(Tendant la boîte.)* Quelqu'un en veut un ? *(Hélène et Pierrette grimacent. Mme Dubois en prend un.)* Vous avez tort, ils sont délicieux.

Paul. – Pourquoi moi ? Mais pourquoi moi ? Me faire ça un jour comme aujourd'hui, à moins d'une heure de ma petite vie tranquille que je vais me construire avec ma petite femme chérie ! Pourquoi maintenant ? *(Se reprenant et s'énervant.)* Pourquoi êtes-vous entré dans ma bijouterie, espèce de petit morveux ?

Il s'avance vers l'homme qui le menace de sa machette.

Hélène. – Paul, calme-toi !

Paul. – Pourquoi venir gâcher les derniers instants paisibles d'un petit bijoutier de province qui est sur le point de se couler des jours heureux, hein ? Saligot !

Hélène. – Paul, s'il te plaît.

Paul. – Jamais je n'ai été attaqué, jamais ! Qu'est-ce que je vous ai fait, bon Dieu ?

L'homme. – Désolé, j'avais pas le choix.

Paul. – Il avait pas le choix, il avait pas le choix…

L'homme. – J'ai besoin de cette bague.

Pierrette. – Ben payez-la et partez !

L'homme. – Qu'elle est drôle man-man ! Si je le pouvais, je le ferais, mais les temps sont durs.

Mme Dubois. – Ah ! maudite crise !

Paul. – Et encore un qui préfère voler plutôt que travailler ! Elle est belle la France, tiens !

L'homme. – Vous m'avez eu au téléphone pour l'alarme.

Paul. – C'est vrai, alors pourquoi voler si vous travaillez ? Vous pouvez la payer.

L'homme. – J'ai pas un salaire de ministre.

Paul. – Eh ben, allez l'acheter chez Tati Or votre bague !

L'homme. – C'est ça ! Pour que la femme de ma vie me prenne pour un blaireau ?

Mme Dubois, *attendrie*. – Vous l'aimez cette fille, hein ? *(L'homme sourit timidement.)* Dites-le, y a pas de honte. Puis c'est tellement beau quand les gens parlent d'amour, j'adore ça moi.

Pierrette, *levant les yeux en l'air*. – C'est pas vrai…

Hélène. – Respire !

Mme Dubois. – Parlez-nous d'elle. Maintenant qu'il faut occuper le temps, autant que ce soit par de belles histoires. Puis je ne sais pas pourquoi, mais mon p'tit doigt me dit que vous n'êtes pas vraiment méchant.

Paul. – Il menace de nous égorger, madame Dubois.

PIERRETTE. – Et de nous dépecer.

MME DUBOIS. – Ce ne sont que des mots.

PIERRETTE. – Condamné à la guillotine, ça commençait aussi par des mots.

MME DUBOIS. – Chut ! Allez, on vous écoute, racontez-nous.

L'HOMME. – Disons que… quand je l'ai vue, ça a été tellement… tellement…

MME DUBOIS. – Le coup de foudre ?

L'HOMME. – Grave. Cette bague doit exprimer tout l'amour que je lui porte, c'est une princesse.

PAUL. – Eh ben, quand elle verra le crapaud, pauvre gamine…

HÉLÈNE. – J'ai une idée.

PAUL. – Oh non ! J'aime pas quand tu commences comme ça.

HÉLÈNE. – Rangez ce couteau, mon mari va vous l'offrir cette bague.

PAUL. – M'en doutais ! Je déteste quand il te surgit des idées. T'es devenue folle ?!

HÉLÈNE. – Qu'est-ce que ça peut faire aujourd'hui ? On sera ni plus riches, ni moins riches et tu feras le bonheur d'un homme qui joue la femme de sa vie sur une bague, sur ta bague, car vous savez, c'est lui qui l'a créée celle-ci.

L'HOMME. – Elle est tellement belle !

PAUL. – Elle peut !

HÉLÈNE. – Offre-lui cette bague, Paul.

Paul. – Hélène, c'est un voleur ! Et qui nous menace toujours avec sa machette !

Hélène. – Il vole, il vole… Bon, et après ? Il fait pas bien méchant, on dirait une petite crevette.

Mme Dubois, *prenant dans sa main le bas du visage de l'homme.* – Regardez, m'sieur Paul, cette petite bouille toute tristounette et ces petits yeux pleins de désespoir de voir s'éloigner la femme de sa vie pour quelques euros.

Paul. – Quatre mille deux cent cinquante précisément, c'est pas rien.

Pierrette. – Il a toujours été pingre. Je le vois au salon, jamais il laisse un pourboire à la shampouineuse et pourtant Dieu sait qu'il en prend du plaisir quand elle passe dix minutes à lui massouiller le crâne. Tu n'es qu'un pingre avec des oursins plein les poches !

Paul. – Je ne suis pas pingre, je suis économe.

Mme Dubois. – Ça !

Paul. – Un commentaire, madame Dubois ?

Mme Dubois. – Non, non.

Hélène. – Si, dites ! Vous ne risquez pas qu'il vous vire, dans moins d'une heure vous ne travaillerez plus pour lui.

Mme Dubois. – Ça me gêne.

Pierrette. – Parlez, madame Dubois, nous savons qui il est, nous qui le pratiquons au quotidien. *(Devant le regard d'Hélène.)* Bien sûr plus toi que moi.

Mme Dubois. – Il faut bien avouer que… vous êtes très économe. Non, c'est vrai, il est très économe. Et pour preuve, vous n'avez pas voulu faire réparer cette malheureuse alarme.

Pierrette. – Résultat : on se retrouve pris en otages par un dangereux criminel.

Les trois regardent l'homme qui paraît tout sauf dangereux.

Hélène. – Paul, offre-lui cette bague.

Paul. – Enfin, je n'ai aucune raison d'offrir quoi que ce soit à un homme qui nous menace !

Pierrette. – Si, c'est justement une bonne raison.

Hélène, *à l'homme*. – Vous avez réellement besoin de prendre la plus chère ?

L'homme. – Si je veux qu'elle me regarde…

Mme Dubois. – Parce qu'elle ne vous regarde pas ?

L'homme. – On est voisins de palier. Je suis tombé fou amoureux d'elle le soir où elle est venue me demander du sel.

Paul. – Quel romantisme !

Mme Dubois. – Et qu'est-ce qui s'est passé ensuite ?

L'homme. – Je lui ai donné du sel.

Pierrette. – Oui, mais après ?

L'homme. – Elle a dû en racheter car elle n'est plus jamais venue m'en redemander.

Hélène. – Mais depuis, rassurez-nous, vous vous êtes revus ?

L'homme. – On se croise régulièrement dans les escaliers, on se dit bonjour, on papote… Vous voyez, je sens qu'il y a quelque chose entre nous mais elle a l'air timide et moi…

Hélène. – Vous l'avez invitée à sortir ?

L'homme. – Pas encore.

Pierrette. – Vous lui offrez une bague alors que vous ne la connaissez pas ?

L'homme. – Elle est devenue ma raison d'être.

Mme Dubois. – Que c'est beau…

Paul. – Que c'est con !

Hélène. – Vous ne voulez pas essayer les fleurs d'abord ?

Paul. – C'est moins cher. *(Devant le regard des trois femmes.)* Et c'est aussi et surtout la meilleure tactique d'approche, croyez-en un expert.

Hélène. – Un expert ?

Paul. – Parfaitement.

Hélène. – Tu es un expert en quoi, mon chéri ?

Paul. – De la Drague avec un grand D. *(À l'homme.)* J'en ai ravi, moi, des femmes, si vous saviez…

Pierrette. – Prétentieux !

Hélène. – Mythomane !

Mme Dubois. – Quand ça ?

Paul. – Holà ! Je vous parle d'un temps, évidemment c'était bien avant que je rencontre Hélène, ma tendre épouse.

Hélène. – On s'est connus à seize ans.

Paul. – Tu en avais seize, moi… j'avais déjà expérimenté la vie.

Hélène. – C'est ça ! C'est fou comme certains aiment réécrire leur propre histoire.

Paul. – Je ne t'ai pas tout raconté, j'ai aussi mon jardin secret.

Hélène. – Toi, un jardin secret ? T'es incapable de garder un secret !

Pierrette. – Vraiment ?

Mme Dubois. – Une vraie concierge ! Il est bavard comme une pie et aussi curieux qu'une vieille chatte ; pas une histoire dans le quartier ne lui échappe.

Paul. – Dites, madame Dubois, je vous en prie !

Hélène. – Quand on s'est connus, j'ai le souvenir d'un grand timide limite autiste.

Paul. – Tu plaisantes ? J'étais un vrai charmeur.

Hélène. – Non, tu l'es devenu, nuance, et grâce à moi, je t'ai mis en confiance.

Paul, *dubitatif*. – Hum… *(À l'homme.)* Enfin un conseil : avant la bague, misez sur les fleurs.

L'homme. – Oui mais non, je veux marquer le coup, moi, je veux qu'elle se dise : « Mon Dieu, le voilà, il existe donc mon prince charmant. »

Mme Dubois. – Vous, vous avez grandi au milieu de sœurs.

L'homme. – Comment vous le savez ?

Mme Dubois. – On sent bien que vous avez été bercée par Walt Disney. *(Sur un air moqueur.)* « Ils se marièrent et eurent beaucoup d'enfants… »

L'homme. – Il n'y a rien de plus beau que l'amour.

Pierrette et Hélène lèvent les yeux au ciel.

MME **DUBOIS**. – C'est vrai qu'il n'y a rien de plus beau que l'amour… Quand je pense à mon Albert, il était toute ma vie…

PAUL. – Albert ? Votre teckel à poil ras qui empestait ?

MME **DUBOIS**. – Lui-même, mais il a commencé à sentir seulement dans sa dernière année, vous savez.

L'HOMME. – Hé, on oublie *Rox et Rouky*, je vous parle d'amour là.

MME **DUBOIS**. – Attention à ce que vous allez dire, jeune homme, l'amour d'un animal est probablement le plus fort au monde, un animal vous aimera jusqu'à son dernier souffle, jamais il ne vous trahira.

PIERRETTE, *à Hélène*. – Elle est donc zoophile la « cul-coincé », je me disais aussi…

PAUL, *à l'homme*. – Je vous rejoins sur un point : il n'y a rien de plus beau que l'amour. Regardez avec ma femme, plus de quarante ans de vie commune et c'est toujours le nirvana.

HÉLÈNE. – Ah bon ? Pour qui ? *(Silence.)* Je plaisante, mon chéri, seulement j'ai l'impression d'entendre deux pubères parler des sentiments pour la première fois.

PIERRETTE. – C'est vrai que vous faites peine à voir. *(À Paul.)* Surtout toi. Lui encore il a l'innocence de la jeunesse, mais toi… On sait tous que l'amour s'use au bout d'un moment.

PAUL. – Détrompe-toi, Pierrette. Avec Hélène, nous vivons toujours cet amour fort, cette passion dévorante. *(À Hélène.)* Explique-lui.

HÉLÈNE. – Lui expliquer quoi ? Tu sais bien que j'ai horreur de mentir. *(Devant le regard interloqué de Paul.)* De quelle passion parles-tu ? Nous n'avons jamais connu le moindre effet passionnel l'un pour l'autre.

PAUL. – Tu plaisantes ?

HÉLÈNE. – Certes, nous sommes tombés très amoureux, oui, mais nous n'avons connu aucune passion dévorante.

PAUL. – Moi si.

HÉLÈNE. – Mais non.

PAUL. – Comment non ?

HÉLÈNE. – Non.

PAUL. – Enfin, tu m'emmerdes à la fin, si je te dis que je t'ai aimée passionnément !

HÉLÈNE. – D'accord, toi peut-être.

PAUL. – Tu ne m'as jamais aimé ?

HÉLÈNE. – Ce n'est pas ce que j'ai dit.

PAUL. – Tu ne m'aimes plus alors.

HÉLÈNE. – Je n'ai pas dit ça non plus.

PIERRETTE, *à Mme Dubois.* – On dirait que le torchon brûle.

MME DUBOIS. – Comme on dit : ça sent le gaz. *(Un portable sonne dans la remise.)* C'est mon téléphone ? Ce doit être maman, faut que je réponde.

L'HOMME. – On s'arrête ! Maman attendra, je vous vois venir.

MME DUBOIS. – Vous ne comprenez pas, elle est malade, elle a probablement besoin de moi.

PAUL. – Sa maman est une personne dépendante, soyez gentil.

Temps.

L'HOMME. – O.K., personne ne bouge. *(À Mme Dubois.)* Vous avec moi dans la remise pour récupérer votre téléphone, et attention je veux pas de coup fourré.

Mme Dubois part dans la remise, suivie de l'homme.

PIERRETTE. – Oh là là ! Mais on va encore rester combien de temps coincés ici ?

PAUL, *calme*. – Pas de panique, quelqu'un va probablement s'inquiéter de voir la bijouterie fermée.

HÉLÈNE. – Qui donc ? Tout le monde sait que tu t'en vas.

On entend soudainement un grand bruit dans la remise. Mme Dubois en sort rapidement et elle ferme la porte à clé.

MME DUBOIS. – Ayé, on est hors de danger.

HÉLÈNE. – Qu'avez-vous fait ?

MME DUBOIS. – J'ai été ceinture jaune de judo, moi, madame.

PAUL. – Vous ?

PIERRETTE. – Très impressionnant.

HÉLÈNE. – Vous voulez dire que vous l'avez mis K.-O. ?

MME DUBOIS. – Je veux ! Une pirouette et boum, la tête dans les nuages la crevette ! *(Se dirigeant vers la porte.)* Venez m'aider, je suis sûre qu'à nous tous on peut soulever cette porte. Comme on dit : qui ne tente rien…

PIERRETTE. – Elle a raison, essayons.

Les trois femmes s'y mettent. Paul reste assis, comme désabusé.

MME DUBOIS. – Allez, madame Paul, on pousse vers le haut.

HÉLÈNE. – Que croyez-vous que je sois en train de faire ?

PIERRETTE. – Mais qu'elle est lourde !

Mᵐᵉ **DUBOIS**. – Allez, la Pierrette, on lâche pas, on pousse.

PIERRETTE. – Mais je pousse, bon Dieu ! *(Hurlant.)* Aïe ! Bon sang de bonsoir, je me suis arraché un ongle !

Les trois femmes s'arrêtent.

HÉLÈNE. – Je crains malheureusement que nous soyons dans l'obligation de prendre notre mal en patience.

Mᵐᵉ **DUBOIS**. – Quelle poisse !

HÉLÈNE. – Et votre maman, au fait, ça allait ?

Mᵐᵉ **DUBOIS**. – Maman ! Avec tout ça, j'ai laissé le téléphone dans la remise !

PIERRETTE. – On est fiers de vous, madame Dubois.

HÉLÈNE, *à Paul*. – Et toi, ça te disait rien de nous aider. Avec l'aide d'un homme, on y serait peut-être arrivés.

PIERRETTE. – C'est vrai, ça, feignasse ! T'aurais pu nous donner un coup de main.

Silence.

HÉLÈNE. – Paul ? *(Silence.)* Paul, réponds. Qu'est-ce qu'il t'arrive ?

Mᵐᵉ **DUBOIS**. – On dirait bien que monsieur fait du boudin.

PAUL. – Toute une vie passée ensemble et c'est seulement aujourd'hui, après quarante ans de vie commune, que j'apprends que tu ne m'as jamais aimé.

Hélène. – On ne va pas parler de ça maintenant, Paul, il y a plus urgent.

Paul. – Je t'ai toujours aimée, Hélène.

Pierrette. – Elle causait pas d'amour tout à l'heure, mais de passion. C'est différent.

Paul. – On t'a pas sonnée, Pierrette.

Hélène. – Paul, reconnais que notre amour a toujours été linéaire, il n'a jamais été question de passion, c'est ce qui nous a d'ailleurs permis de ne jamais mettre la barre trop haute… C'est pour ça que notre couple a survécu.

Paul. – « Survécu » ?

Hélène. – Avoue qu'on ne s'est jamais enflammés l'un pour l'autre. Je veux bien reconnaître une petite étincelle au tout début…

Paul. – Une petite étincelle ? De mieux en mieux…

Hélène. – Et encore, elle a vite laissé place à une braise et une bonne braise vu comme on a su l'entretenir.

Pierrette. – Ah ! c'est beau l'amour ! *(Chantonnant discrètement.)* « Laisse les gondoles à Venise…

Mme Dubois. – … le printemps sur la Tamise… »

Paul leur lance un regard noir, elles s'arrêtent aussitôt de chanter.

Hélène. – D'ailleurs, si je dois être totalement honnête avec toi, le fait que tu prennes aujourd'hui ta retraite… Crois-tu sincèrement qu'on va réussir à se supporter ? Quand je vois ma sœur…

Paul. – Quoi, ta sœur ?

HÉLÈNE. – Elle n'a jamais été plus épanouie qu'aujourd'hui.

PAUL. – Elle est veuve.

HÉLÈNE. – Que veux-tu ? Depuis la mort d'Henri, elle revit.

Mᵐᵉ DUBOIS. – Comme on dit : un mari de perdu… oui, un mari de perdu.

HÉLÈNE. – Et une jolie vie en vue. *(À Paul.)* Souviens-toi, elle nous en parlait : au moment où ils se sont retrouvés tous deux à la retraite, elle a vécu un enfer.

PIERRETTE. – Faut dire qu'il était pénible, il avait pas un poil sur le caillou mais fallait quand même que la petite passe vingt minutes sur sa mèche à trois cheveux pour la positionner bien sur le devant. Je t'aurais tondu ça vite fait bien fait, moi…

PAUL. – Mais moi je suis pas comme Henri.

PIERRETTE. – Non, t'as beaucoup plus de cheveux.

PAUL. – Pardon de te dire ça, Hélène, mais ta sœur est aussi une belle emmerdeuse.

HÉLÈNE. – Peut-être, seulement elle a toujours été indépendante alors qu'Henri ne pouvait pas faire un pas sans elle. C'est triste à dire mais depuis qu'il a passé l'arme à gauche, c'est elle qui a repris les armes, elle bouffe la vie.

PAUL. – Mais nous c'est pas pareil, nous, on s'aime.

HÉLÈNE. – Paul, la vie à deux est un tue-l'amour, et ce déjà quand on se voit pas tous les jours, alors imagine à la retraite…

Mᵐᵉ DUBOIS. – C'est la guillotine du couple !

HÉLÈNE. – Exactement !

PAUL. – T'es quand même pas en train de me dire que tu veux que je meure ?!

HÉLÈNE. – Tout de suite les grands mots !

PAUL. – Tu veux qu'on divorce ?

HÉLÈNE, *moins tranchée*. – Non.

PAUL. – Parce que moi j'en connais des couples qui s'éclatent à la retraite.

HÉLÈNE. – Ah oui ?

PAUL. – Parfaitement.

HÉLÈNE. – Qui ça ?

PAUL, *réfléchissant*. – Eh ben…

HÉLÈNE. – Un exemple.

Paul réfléchit mais aucun nom ne lui vient.

PAUL. – Tu me prends de court, mais j'en connais.

HÉLÈNE. – Tu parles !

PAUL. – Je ne te comprends pas. Alors ce voyage que tu m'offres ? C'est quand même bien pour se retrouver à deux, toi et moi.

HÉLÈNE. – Quel voyage ?

PAUL. – Oh ! c'est bon, maintenant tu peux me le dire !

HÉLÈNE. – Te dire quoi ?

Il se remet à sautiller.

PAUL. – Je te fais penser à quoi là ?

Hélène. – Une puce ?

Il s'arrête de sautiller.

Paul. – Non, un kangourou ! L'Australie ! Ce beau voyage que tu m'offres pour ma retraite !

Hélène. – De quoi tu parles ? Ton cadeau, ce sont des bons Jardiland.

Paul. – Des bons Jardiland ?

Hélène. – T'as toujours rêvé d'avoir un potager, mais tu t'es toujours plaint de pas avoir suffisamment de temps pour t'en occuper. *(Elle sort une enveloppe.)* Voilà cent euros de bons d'achat, de quoi faire pousser des choux, des navets, des carottes…

Mme Dubois. – Oh ! dites, vous m'inviterez pour le pot-au-feu, hein ?

Paul. – Mais tout à l'heure t'es bien allée dans l'agence de voyage à côté ?

Hélène. – Qui te l'a dit ?

Paul. – J'ai mes sources.

Hélène. – Effectivement.

Paul. – Pas pour acheter des bons Jardiland.

Hélène. – Non. Je pars quinze jours avec Brigitte en croisière dans les fjords.

Paul. – Avec ta sœur ? C'est la meilleure ! Et moi ?

Hélène. – T'aimes pas le froid, t'as jamais voulu qu'on y aille.

Paul. – Mais tu vas pas me laisser tout seul !

Hélène. – Tu vois, ça commence ! Une fois à la retraite, tu ne feras pas un pas sans moi, tu vas devenir…

Mme Dubois. – … un vrai « suce-mollets » !

Hélène. – Exactement !

Paul. – Pas du tout.

Hélène. – Oh !

Paul. – Tu te trompes, Hélène.

Hélène. – Donc je peux partir quinze jours seule avec ma sœur ?

Mme Dubois. – Vous vous occuperez du potager.

Pierrette. – Ou d'autres choses.

Hélène. – Voilà, Pierrette viendra te servir la soupe, ainsi tu ne seras pas dépaysé, mon chéri.

Pierrette. – Qu'est-ce que tu insinues ?

Hélène. – Oh ! je n'ai pas besoin d'insinuer, tout le monde est au courant dans le quartier.

Mme Dubois. – Au courant de quoi ?

Hélène. – Ah oui ! Sauf peut-être Mme Dubois, cette pauvre et gentille Mme Dubois.

Paul. – Je n'aime pas beaucoup le ton que tu emploies, Hélène.

Pierrette. – Moi non plus.

Hélène. – Tout le monde sait pour votre liaison.

Mme Dubois. – Quoi ? Vous deux, ensemble ?

Hélène. – Je me souviens même du jour où c'est arrivé : à la première Fête des voisins.

PAUL. – Comment ? Tu savais et tu n'as rien dit ? Mais tu es ignoble !

HÉLÈNE. – Pardon ?

PAUL. – Enfin, comment as-tu pu vivre avec un tel secret ?

HÉLÈNE. – Qui n'en était un pour personne ; tu penses bien que des gens bien intentionnés m'ont mise au parfum.

PIERRETTE. – J'avoue, Hélène, que je ne te savais pas si… open.

HÉLÈNE. – Disons que je me suis adaptée… tout comme Jacques.

PAUL. – Jacques ?

PIERRETTE. – Qu'est-ce que mon mari vient faire dans l'histoire ?

HÉLÈNE. – Un jour, il a débarqué à la maison complètement catastrophé, ça lui a fait un choc de l'apprendre, tu sais, bien plus qu'à moi d'ailleurs, c'est étrange. Enfin bref, nous avons beaucoup parlé, échangé… puis nous nous sommes consolés.

PAUL. – Consolés, c'est-à-dire ?

HÉLÈNE. – Je ne vais pas vous faire un dessin.

PIERRETTE. – T'es pas en train de me dire qu'avec mon mari…

PAUL. – Attends, tu m'avoues aujourd'hui après des années de confiance que tu m'as trompé tout ce temps ?! Mais tu n'es vraiment qu'une…

HÉLÈNE. – Ah non !

PAUL. – Comment as-tu osé me faire ça ?!

PIERRETTE. – Tu t'es tapé mon mari ? Mais quelle garce !

HÉLÈNE. – Pardon, c'est moi la garce ?

Mme Dubois. – C'est vrai que c'est l'hôpital qui se fout de la charité.

Pierrette. – Vous, on ne vous a rien demandé la sainte-nitouche.

Mme Dubois. – Non, mais qu'est-ce que…

Paul. – Depuis combien d'années tu me cocufies avec Jacques ?

Hélène. – Je te rassure, c'est terminé depuis un moment.

Pierrette. – C'est pas vrai, je ne crois pas ce que j'entends…

Hélène. – Dis donc, tu t'es bien tapé le mien !

Pierrette. – Mais le tien était consentant.

Hélène. – Je te rassure, je n'ai pas eu à violer Jacques, il était lui aussi très consentant, très dévoué à la cause même.

Paul. – Comment as-tu pu me faire ça ?

Hélène. – Je rêve ! Tu te rends compte de ce que tu es en train de dire ?

Mme Dubois. – Une idée comme ça… Et si vous échangiez vos maris ?

Tous, *en chœur*. – Non !!!

Mme Dubois. – Vous énervez pas, je proposais juste.

Pierrette. – J'aime mon Jacques et je ne l'échangerai pour rien au monde.

Hélène. – Tout comme moi mon Paul.

Paul. – C'est nouveau, tu m'aimes maintenant ?

Hélène. – Paul…

PAUL. – Je ne sais pas, vu que l'avenir que tu envisages avec ton mari semble proche de l'enfer. Moi qui n'y voyais que des jours heureux, je suis surpris. *(Hélène souffle.)* Tiens, et si c'est toi qui repartais travailler ?

HÉLÈNE. – Je suis déjà en retraite.

PAUL. – Et alors ? Beaucoup de retraités continuent à travailler.

HÉLÈNE. – Oui, pour survivre. Mais vois-tu, malheureusement, j'ai la chance d'avoir une bonne retraite qui me permet de ne pas avoir à travailler.

PIERRETTE. – C'est ça que j'aurais dû faire : fonctionnaire au ministère de l'Économie !

HÉLÈNE. – Et allez, c'est reparti !

PIERRETTE. – Avoue quand même, à cinquante-cinq ans en retraite, c'est pas donné à tout le monde.

Mme DUBOIS. – Mme Paul a tout de même continué à s'occuper de la comptabilité de monsieur, elle n'était pas obligée.

HÉLÈNE. – Oh ! vous êtes mignonne, madame Dubois !

PIERRETTE. – Faux cul !

HÉLÈNE, *à Paul*. – On va revoir sa feuille de paye : deux mille euros pour vingt ans de bons et loyaux services, c'est peut-être un peu juste.

PAUL. – Oui, ben on verra ça plus tard.

PIERRETTE. – C'est que ça marche en plus !

Mme Dubois passe devant Pierrette avec un air ravi mais pas tout à fait innocent.

PAUL. – Quand je pense que tu offres un voyage à ta sœur et à moi une pelle et du terreau !

HÉLÈNE. – Je ne le lui offre pas.

PAUL. – Peu importe. Tu t'offres un beau voyage avec elle alors que moi je reste seul.

MME DUBOIS. – Avec votre potager et Pierrette.

PAUL. – J'avoue que j'ai du mal à te suivre, Hélène, beaucoup de mal.

MME DUBOIS. – Elle a peur, c'est tout.

HÉLÈNE. – Peur ?

MME DUBOIS. – Je sais ce que vous allez dire : de quoi elle se mêle la pauvre femme, elle n'a aucune expérience de l'amour. Il n'empêche que j'ai lu beaucoup sur le sujet et que je suis aussi une inconditionnelle des histoires d'amour au cinéma, j'adore ça, c'est mon dada. Enfin bref, si je peux me permettre, ce que je déduis de ce que vous dites, madame Paul, c'est que vous l'aimez votre M. Paul mais vous avez peur de vous retrouver seule avec lui.

HÉLÈNE. – Merci de votre intervention, madame Dubois, mais votre psychanalyse de comptoir, faites-moi le plaisir de la servir aux autres.

PIERRETTE. – Elle n'a peut-être pas tort. Quand Jacques est arrivé en retraite, on doit bien avouer qu'on a été très inquiets, même si moi je continuais à tenir le salon. Toute notre vie on a vécu en décalage du fait qu'il travaillait la nuit et les week-ends. Quand je me l'suis récupéré dans les pattes, je peux vous assurer que ça n'a pas été simple, il a fallu s'adapter.

HÉLÈNE. – Et c'est pour mieux t'adapter que t'as offert ton cul à mon mari ?!

PAUL. – Hélène, ne sombre pas dans la vulgarité.

HÉLÈNE. – C'est moi qui suis vulgaire ? Excusez-moi mais il existe des comportements bien plus vulgaires que de simples mots.

PIERRETTE. – Ce que je veux dire c'est que ce n'est pas simple de se retrouver l'un sur l'autre comme ça du jour au lendemain.

HÉLÈNE. – Et c'est ce qui t'a donc décidée à changer d'étalon.

PAUL. – Hélène, ça suffit ! Puis avec Pierrette, c'était y a belle lurette, c'est de l'histoire ancienne.

HÉLÈNE. – Ancienne depuis aujourd'hui quatorze heures, j'imagine.

Mᵐᵉ **DUBOIS**. – Parce que vous faisiez ça à l'heure du déjeuner ?

PAUL. – Madame Dubois, faites-moi le plaisir d'arrêter de tout commenter.

Mᵐᵉ **DUBOIS**. – Je ne commente pas, seulement j'apprends des choses et encore des choses…

PAUL. – Ben, apprenez en silence !

PIERRETTE. – Mais dis-moi, avec Jacques… ?

HÉLÈNE. – Je te rassure, c'était il y a quinze ans et ça n'a pas duré.

PAUL. – Ah ! Tu t'es finalement aperçue que tu avais tout ce qu'il fallait à la maison !

HÉLÈNE. – Je me suis surtout aperçue qu'il me fallait beaucoup plus jeune.

PAUL. – Pardon ?

HÉLÈNE. – Avec tout le respect que j'ai pour Jacques…

PIERRETTE. – Oui, je sais, ça a été un souci.

HÉLÈNE. – J'ai compris pourquoi tu t'étais pris un amant.

PAUL. – Quand tu dis plus jeune…

HÉLÈNE. – Oui, plus jeune.

PAUL. – T'es pas en train de me dire…

HÉLÈNE. – Si, mon chéri : pendant que tu t'amusais avec Picrrette, je m'amusais avec de jeunes hommes.

PAUL. – T'es vraiment qu'une…

HÉLÈNE. – Non ! Pas ce mot, surtout pas ce mot.

PAUL. – Enfin merde, Hélène ! Comment t'as pu me faire ça, toi ma femme, toi que j'ai chérie toutes ces années, comment t'as pu me tromper ?

HÉLÈNE. – Et toi ?

PAUL. – Mais moi, moi… ça compte pas. C'était pas avec une jeune !

PIERRETTE. – Attention, ma main risquerait une nouvelle fois de partir.

PAUL. – T'es devenue une cougar ?! Enfin, je passe pour quoi moi ?

HÉLÈNE. – T'as un culot ! Si ça peut te rassurer, je n'ai pas couché avec des étudiants non plus.

PAUL. – Merveilleux ! Tu me vois ravi de ne pas te savoir pédophile.

HÉLÈNE. – Bien qu'une fois je me demande si l'un d'eux n'avait pas menti sur son âge, il paraissait si…

PAUL. – S'il te plaît, épargne-moi les détails. C'était quand ? *(Temps.)* J'ai besoin de savoir, Hélène.

HÉLÈNE. – Qu'est-ce que ça peut faire ?

PAUL. – Dis-moi quand c'était.

HÉLÈNE. – Je ne sais plus, moi… lors de déplacements professionnels.

PAUL. – Oh ! c'est pas vrai ! T'es en train de m'anéantir.

HÉLÈNE. – Tu crois pas que t'en fais un peu beaucoup ? Qu'est-ce que je devrais dire, moi ?

PIERRETTE. – C'est vrai que si tu pouvais nous épargner la grande scène du II, ce serait pas mal.

PAUL. – Enfin ça te fait rien, toi, de savoir qu'Hélène et ton mari…

PIERRETTE. – Il me semble qu'on a, à peu de chose près, fait la même chose de notre côté, non ?

HÉLÈNE. – Pierrette, un soupçon de lucidité, merci.

PAUL. – On dirait que tout ça t'amuse, en plus. Formidable, de mieux en mieux.

HÉLÈNE. – Je ne vais pas pleurer ! Avec le temps, j'ai appris à relativiser même si je t'ai longuement maudit.

PAUL. – Pourquoi tu n'as rien dit ?

Temps.

MME DUBOIS. – Elle n'avait peut-être pas envie de vous perdre. Enfin, je dis ça…

PAUL. – Me perdre ? *(À Hélène.)* Je t'ai toujours aimée, Hélène. Et je continue à t'aimer passionnément.

HÉLÈNE. – Alors même que tu me trompais.

PAUL. – Ça n'a rien à voir !

PIERRETTE. – Dans cette histoire, personne n'est blanc, personne n'est gris. C'est la vie.

MME DUBOIS. – Chienne de vie ! *(Temps.)* Ben voilà, tout est dit, les haricots sont cuits. Et ce foutu rideau qu'est toujours pas relevé…

Elle donne un coup de pied dedans, le rideau se relève aussitôt.

PIERRETTE. – C'est pas vrai ! On est libres ! Pourquoi ne pas l'avoir frappé avant ? Enfin de l'air !

L'homme sort aussitôt de la remise avec la machette dans une main et un trombone dans l'autre.

HÉLÈNE. – Stop ! Arrêtez-vous, il est toujours armé.

Tout le monde s'arrête.

MME DUBOIS. – Moi qui pensais l'avoir assommé pour un bon moment, j'ai peut-être perdu un peu la main.

L'homme tend un kleenex blanc du bout des doigts qu'il agite.

L'HOMME. – Pas de panique, je rends les armes, ne craignez rien… Je vais vous laisser. *(Il pose sa machette sur le bureau.)* Pardon pour le dérangement, je suis désolé. Tenez, je vous la rends.

Il pose la bague sur le bureau.

Paul. – C'est une blague ?

Hélène. – Vous rendez la bague ? Pourquoi ? Mon mari vous l'offrait. *(Paul se retourne brusquement vers sa femme, agacé.)* Je sais que tu n'es pas pingre, tu es même souvent très généreux. *(À l'homme.)* Prenez-la, on vous dit.

L'homme. – C'est gentil, mais j'en veux plus.

Hélène. – Enfin, pourquoi ?

Paul. – On s'en moque pourquoi, il en veut plus, il en veut plus. Je vous comprends d'ailleurs, si on y regarde de plus près elle n'est pas si belle cette bague, comparée à d'autres c'est même une petite babiole de rien du tout, et pour être tout à fait honnête c'est probablement ma plus ratée.

Hélène. – Paul ! *(À l'homme.)* Excusez-moi mais je ne comprends pas pourquoi soudainement vous n'en voulez plus ?

L'homme. – Le temps que j'arrive à ouvrir cette porte avec ce trombone, j'ai bien pu profiter de votre conversation…

MME Dubois. – Vous écoutez aux portes ? C'est du beau !

Hélène. – Madame Dubois !

L'homme. – Excusez-moi de vous dire ça mais… waouh ! Vous faites pas rêver. Je suis tombé fou amoureux de cette fille, c'est vrai, mais à vous entendre je crois que je préfère me jeter d'un pont qu'avoir à me retrouver pieds et poings liés à une femme que j'aime aujourd'hui et que je vais détester demain.

Hélène. – On ne se déteste pas.

Paul. – Qui vous a mis cette idée dans la tête ?

L'homme. – Vous vous êtes entendus parler ?

Hélène. – Ce ne sont que des mots.

L'homme. – Ouais, enfin y a quand même eu pas mal de coups de canif donnés dans le contrat, non ?

Pierrette. – Ça fait partie du jeu, vous verrez.

L'homme. – Justement, je suis pas sûr d'avoir envie de jouer, je suis pas sûr de savoir faire, mentir aux autres, se mentir à soi toute une vie. Quand je vous regarde, je me dis qu'être seul, c'est peut-être pas si mal.

Mme Dubois. – Oh non, ne pensez pas ça, y a rien de pire que la solitude. Aimer c'est prendre des risques, c'est accepter les obstacles, c'est les dépasser, c'est vivre. Maman est tombée malade très tôt, je me suis juré de ne jamais l'abandonner, de toujours m'occuper d'elle. J'ai fait beaucoup de sacrifices, vous savez. Oh ! je ne regrette pas, je ne dis pas ça mais… Prenez cette bague et partez lui en mettre plein la vue à cette jeune fille, prenez aussi un p'tit bouquet de fleurs au passage, ça fait toujours son petit effet, et invitez-la dans un bon restaurant, elle va adorer, c'est sûr qu'elle va adorer.

Temps. Hélène lance un regard à Paul. Il ne répond pas, elle lui donne une tape sur l'épaule.

Paul. – Mme Dubois a raison : prenez cette bague et partez la surprendre, éblouissez-la.

Il lui referme la main sur la bague. Hélène s'approche de Paul et pose une main tendre sur son épaule.

L'homme. – Je ne suis pas sûr…

Hélène. – Nous oui. Vous êtes mignon, jeune… *(Paul se racle la gorge, agacé par les deux derniers mots qu'elle vient de prononcer.)* Prenez-la et offrez-lui la plus belle des déclarations. Mon mari a raison : il n'y a rien de plus beau que l'amour.

L'HOMME. – Vous êtes très contradictoires.

HÉLÈNE. – C'est peut-être ça l'amour : on veut tout et son contraire.

PAUL. – Par contre, foutez le camp maintenant avant que je change d'avis.

L'HOMME. – Ça me gêne quand même.

PAUL. – Tout à l'heure ça ne vous gênait pas, vous êtes très contradictoire vous aussi.

MME DUBOIS. – Dites, à quoi elle ressemble votre bien-aimée? *(Paul, Hélène et Pierrette la regardent.)* Quoi? Dans les livres ils décrivent toujours les personnages, et là c'est une histoire pour de vrai, je veux savoir moi.

L'HOMME. – Elle est ni petite, ni grande, je dirais dans les un mètre soixante-cinq, elle est plutôt mince avec juste ce qu'il faut là où il faut…

PAUL. – C'est important.

Au fil de la description, Paul et Hélène vont se décomposer.

L'HOMME. – Elle est châtain clair avec des yeux vert-noisette qui pétillent, elle a deux petites fossettes quand elle sourit qui me font fondre, elle a d'ailleurs un sourire ravageur, puis juste au-dessus de la lèvre elle a un léger grain de beauté qui me fait craquer, un peu à la Cindy Crawford, vous voyez. Et je sais aussi qu'elle est en études de kinésithérapie…

PIERRETTE. – Oh! comme votre fille! Si ça se trouve ils se connaissent.

L'HOMME, *à Paul, très complice.* – J'imagine du coup qu'elle est très habile de ses mains, si vous voyez ce que je veux dire.

MME DUBOIS. – Dites donc, Mlle Paul, au-dessus de la lèvre…

L'HOMME. – Et pour finir, elle s'appelle Léa. Léa Demare.

MME DUBOIS. – Léa Demare, comme votre fille. C'est drôle ça alors ! *(Paul la regarde avec insistance, Mme Dubois comprend alors.)* Non… Oh ! la boulette !

Pierrette commence à rire.

HÉLÈNE. – Pas maintenant, Pierrette.

PIERRETTE, *ne pouvant s'empêcher de rire*. – Je suis désolée. *(Elle rit.)* Avouez que la situation est…

Elle rit de plus belle.

MME DUBOIS. – Quand on dit qu'y a pas de hasard…

HÉLÈNE. – Je prendrais bien une coupette, moi.

MME DUBOIS. – Il a dû se réchauffer depuis le temps qu'il…

Hélène se sert une coupe et boit cul sec.

PIERRETTE, *riant toujours*. – Oh ! quelle fin de journée !

Paul, calmement, se dirige vers son bureau et prend une carte de visite qu'il va venir pointer devant le nez de l'homme.

MME DUBOIS. – Et votre petit nom à vous, alors, c'est quoi ?

L'HOMME. – Casimir.

Pierrette éclate de rire.

PIERRETTE. – Casimir ! Bienvenue dans la famille, Casimir.

PAUL, *la carte de visite dans les mains*. – Pouvez-vous lire ce qui est écrit sur cette carte ?

L'HOMME. – Bijouterie Demare. *(Il lui sourit et Paul répond faussement par un même sourire. L'homme comprend alors et s'arrête de sourire. Il regarde la carte de plus près.)* Non !

PAUL. – Si.

L'HOMME. – Non !

PAUL. – Si.

L'HOMME. – Oh ! putain !

PAUL. – Comme vous dites.

L'HOMME. – Attendez, en fait j'crois me rappeler, c'est pas vraiment Demare son nom, y a un « t » à la fin.

PIERRETTE. – Demaret ?

L'HOMME. – C'est ça ! Et son prénom c'est peut-être pas Léa mais Isa.

PAUL. – Je vais vous tuer.

L'HOMME. – Je vous rends la bague.

HÉLÈNE. – Vous êtes tombé amoureux de notre fille ?

MME DUBOIS. – La princesse et le voleur… Oh ! ça ferait un beau titre de roman ça !

L'HOMME. – Je ne suis pas un voleur, regardez, j'ai plus rien… On aurait dit que c'était une blague, d'ac ?

PAUL. – Je vais vous tuer, ou Léa vous tuera quand elle l'apprendra.

L'HOMME. – Ne lui dites rien, je vous en prie ! Sinon plus jamais je réussirai à la regarder dans les yeux. Oh non !

Il part s'enfermer dans la remise.

PIERRETTE. – Qu'est-ce qu'il fait?

PAUL, *tentant d'ouvrir*. – Sortez d'ici!

L'HOMME, *off*. – Non, j'ai trop honte. Vous vous rendez compte que vous êtes mes futurs beaux-parents?

PAUL. – Oui, alors ça, on en reparlera.

HÉLÈNE. – Faut reconnaître qu'il est mignon. Un peu maigrichon mais mignon.

PAUL. – Dis donc, la cougar elle va pas chercher à se taper son futur gendre!

HÉLÈNE. – Jeune homme, sortez de là, il faut qu'on discute. *(À Paul.)* C'est totalement le style de ta fille.

PAUL. – Cet asticot? Et depuis quand ma fille est devenue une cougar?!

HÉLÈNE. – Dis pas de bêtises, c'est son genre je te dis.

MME DUBOIS. – Laissez-moi faire, vous allez m'l'effrayer le p'tit. *(Parlant à la porte.)* Allô! Jeune homme?

PIERRETTE. – C'est pas un téléphone, madame Dubois.

MME DUBOIS. – Ça va, je sais… Vous m'entendez? Faut pas avoir peur, mon p'tit, ils brassent beaucoup d'air tous les deux mais ce sont pas des mauvais bougres, vous savez, faut sortir de là maintenant, il fait beau, les petits oiseaux chantent, bien qu'à cette heure-ci, ils devraient pas tarder à aller se coucher…

PAUL, *la poussant et frappant à la porte*. – Bon, ça suffit! Vous allez me faire le plaisir de sortir d'ici ou j'appelle la police!

PIERRETTE. – Bon, ben moi je vous laisse.

HÉLÈNE. – Comment ça tu nous laisses ?

PIERRETTE. – J'ai besoin d'air !

MME DUBOIS. – Quand le bateau coule, les rats quittent le navire !

PIERRETTE. – J'ai passé un agréable moment en votre compagnie, mais toutes ces histoires m'ont donné envie de retrouver mon Jacques. Je vais demander aux petits de fermer le salon ce soir et je vais aller lui faire la surprise d'aller le chercher à la sortie de son bridge.

HÉLÈNE. – Je suis convaincue qu'il en sera très heureux.

PIERRETTE. – Allez, bon courage, et si ça dure toute la nuit, appelez-moi, je vous ferai livrer des pizzas et une assiette de gloubi-boulga.

Elle sort en riant.

MME DUBOIS. – Je crois que je vais jouer les rats moi aussi.

PAUL. – Vous nous quittez maintenant ?

MME DUBOIS. – Maman doit commencer à s'inquiéter, faut vraiment que j'y aille. Dites, on se reverra, hein ?

PAUL. – Bien sûr, madame Dubois. Comme je vous l'ai dit, je suis un fidèle client de M. Blanchard.

MME DUBOIS. – Vous saviez qu'il avait reçu le premier prix du boudin noir au dernier Salon de l'agriculture ?

HÉLÈNE. – Oh !

PAUL. – En tout cas sa saucisse aux herbes est une merveille, j'en prends tous les dimanches. Je vous imagine déjà assise sur votre tabouret derrière la caisse, vous serez comme une reine sur son trône.

Mme Dubois. – Comme un coq en pâte, vous voulez dire.

Hélène. – Il n'est pas veuf ?

Paul. – Si, et à mon avis il a un petit faible pour Mme Dubois, il ne l'a pas embauchée par hasard, si vous voyez ce que je veux dire.

Mme Dubois, *gênée*. – Oh ! monsieur Paul !

Paul. – Si, si, si, j'ai du flair, vous savez. D'ailleurs, chaque fois que vous y allez, il vous offre toujours un petit quelque chose.

Mme Dubois. – Parce qu'il sait que j'aime le cochon.

Hélène. – Et comme on dit…

Mme Dubois. – …

Hélène. – Comme on dit : dans le cochon…

Mme Dubois. – …

Hélène. – Dans le cochon tout est bon !

Mme Dubois. – On dit ça ? Bon, je vous laisse, maman risque vraiment de s'inquiéter.

Paul. – Faites, madame Dubois, on ne fait jamais attendre une maman.

Hélène. – Saluez-la de notre part.

Mme Dubois. – Je n'y manquerai pas. À bientôt pour la saucisse et le boudin.

Paul. – C'est ça, la saucisse et le boudin ! *(Mme Dubois sort.)* Un quart de seconde j'ai cru que c'est nous qu'elle traitait de saucisse et de boudin.

Hélène. – Va savoir !

PAUL. – Non, pas Mme Dubois. Bon, qu'est-ce qu'on fait avec lui ?

HÉLÈNE. – Casimir, sortez maintenant, on ne va pas y passer la nuit.

L'HOMME, *off*. – Je ne peux pas.

HÉLÈNE. – Écoutez, c'est idiot.

L'HOMME, *off*. – J'ai trop honte, belle-maman. *(Paul et Hélène se regardent.)* Et beau-papa a l'air tellement en colère…

PAUL. – Je pense qu'il fait bien de ne pas sortir, je risquerais d'en faire de la chair à saucisse que j'irais refourguer au père Blanchard.

HÉLÈNE. – Quelle heure est-il ? *(Elle regarde sa montre.)* Je te laisse un moment, j'ai une dernière course à faire.

PAUL. – Comment ça ? Tu vas pas me laisser seul avec ce cinglé, va plutôt appeler la police.

HÉLÈNE. – Ne sois pas stupide, ce n'est pas un méchant garçon.

PAUL. – Je te rappelle qu'il nous a menacés avec une machette pour me voler, ici, dans ma bijouterie.

HÉLÈNE, *prenant la machette*. – Elle est en plastique.

PAUL. – Non ?!

L'HOMME, *off*. – C'est dangereux une machette, j'allais pas prendre le risque de blesser quelqu'un.

HÉLÈNE. – Paul, il est jeune, personne n'est parfait, puis regarde comme il a honte maintenant. On va appeler la police, il va aller en prison, je ne suis pas d'accord.

L'HOMME, *off*. – Elle a raison belle-maman.

PAUL. – Ça suffit avec belle-maman !

Hélène, *regardant à nouveau sa montre.* – Je reviens dans cinq minutes.

Paul. – Enfin, tu vas où ? *(Temps. Hélène le regarde avec insistance.)* Dis, j'ai quand même le droit de m'inquiéter.

Hélène, *s'approchant de lui.* – Ça te dirait de rendre une petite visite aux kangourous ?

Paul. – T'es sérieuse ?

Hélène. – Tu savais qu'un kangourou fécondait une vingtaine de femelles en moyenne ?

Paul. – Pourquoi tu me dis ça ? Je n'ai rien à voir avec les kangourous, je te jure.

Hélène. – J'espère bien.

Paul. – Tu es la femme de ma vie, Hélène, tu le sais.

Hélène. – Oserais-je prendre le risque de t'emmener en voyage ?

Paul. – Deux mois comme on l'avait imaginé ?

Hélène. – Deux mois.

Paul. – Pour de vrai ?

Hélène. – Je pars changer les billets. Ma sœur et ses fjords attendront.

Paul. – Tu ne crains pas qu'on se tape dessus ? *(Hélène lui donne un coup de poing sur l'épaule.)* Aïe !

Hélène. – Je saurai me défendre.

Paul. – Tu sais, j'ai bien peur de continuer à t'aimer passionnément.

Hélène. – Pas à la folie ?

L'HOMME, *off.* – Non, il a dit « passionnément ».

PAUL. – La ferme !… Dis, tout à l'heure… Tu as vraiment peur qu'on ne se supporte plus ?

HÉLÈNE. – As-tu un projet, Paul ?

PAUL. – Un projet ?

HÉLÈNE. – Si notre couple a toujours fonctionné, c'est qu'on a toujours eu des projets ensemble : fonder notre famille, élever notre fille, acheter notre belle et grande maison, monter cette bijouterie, sans oublier tous les projets de voyage qu'on a concrétisés et…

PAUL. – J'ai un projet.

HÉLÈNE. – Ah oui ?

PAUL. – Je ne t'en ai pas parlé… J'avais peur de t'effrayer. Je pensais que tu serais heureuse de te retrouver seule avec moi. *(Hélène sourit.)* Ça va, j'ai compris. Être à la retraite me faisait terriblement peur, tu sais. Pour certains elle est comme une ligne droite vers la fin de vie.

HÉLÈNE. – Au secours !

PAUL. – Finalement je suis content que tu le prennes comme ça. J'ai toujours pensé que la retraite était propice à une nouvelle vie, une nouvelle aventure…

HÉLÈNE. – Et c'est quoi cette nouvelle aventure que tu me caches ?

PAUL. – Je me lance en politique.

HÉLÈNE. – Toi ?

PAUL. – Je souhaite me présenter aux prochaines élections municipales.

HÉLÈNE. – Pourquoi tu ne m'en as pas parlé ?

PAUL, *hésitant*. – Tu ne m'as jamais demandé ce que je voulais faire après la bijouterie. Je craignais que tu t'y opposes.

HÉLÈNE. – C'est formidable !

PAUL. – Vraiment ?

HÉLÈNE. – Oui. Et tu as quelqu'un pour tes comptes de campagne ?

PAUL. – Je trouverai bien une petite comptable.

HÉLÈNE. – Je prends.

PAUL. – Tu me suis ?

HÉLÈNE. – Oh ! que oui ! J'adore l'idée.

Mme Dubois et Pierrette reviennent.

PIERRETTE. – Nos portables ! Il a toujours nos portables, l'autre, là.

MME DUBOIS. – Comment on fait, nous ?

PAUL. – Bien, la plaisanterie a assez duré. Mon petit Casimir, je vous prierais d'ouvrir sur-le-champ ou beau-papa va finir par se fâcher.

PIERRETTE. – Beau-papa ? On s'absente cinq minutes et on manque de nous convier aux noces !

PAUL, *discrètement*. – Pierrette, c'est pour l'amadouer.

MME DUBOIS. – Pas folle la guêpe ! Folle du cul mais pas de la tête !

Tous la regardent. Mme Dubois lève les yeux au ciel.

HÉLÈNE. – Allez, Casimir, faites-nous plaisir, sortez de là, pensez à Léa qui vous aime déjà, j'en suis sûre.

PAUL. – Ça, ça reste à voir.

La porte s'ouvre. Il est tout penaud.

MME **DUBOIS**. – Faites pas cette bouille, y a pas eu mort d'homme. Même si j'imagine la tête de cette pauvre Léa quand elle va apprendre toute l'histoire. *(L'homme semble se décomposer.)* Eh oui, vous avez menacé d'égorger et de dépecer son père et sa mère, c'est pas rien.

L'**HOMME**. – Elle va me détester, vous croyez ?

MME **DUBOIS**. – Ben elle risque d'être un peu fâchée.

L'**HOMME**. – Oh non ! Je vais pas pouvoir !

Il part en courant vers le bureau.

PAUL. – Qu'est-ce qu'il fait ?… Non !

Il appuie sur le bouton sous le bureau. Le rideau tombe à nouveau.

PIERRETTE. – C'est une blague ?

L'**HOMME**. – J'veux plus jamais sortir d'ici, j'veux mourir !

Il part s'enfermer dans la réserve.

MME **DUBOIS**. – Il s'est passé quoi là ?

Pierrette part donner des coups de pied dans le rideau.

PIERRETTE. – Lève-toi, enfoiré, lève-toi !… Il se relève pas le salaud ! *(Revenant vers Mme Dubois.)* Mais qu'elle est nouille celle-ci, c'est pas vrai ! Vous ne pouviez pas vous taire ?

MME **DUBOIS**. – Quoi ? J'ai rien dit !

HÉLÈNE. – Restons calmes, Paul. Qu'est-ce qu'on fait ?

PAUL, *souriant, regardant sa montre*. – Ah ! vous je ne sais pas, mais en ce qui me concerne c'est l'heure.

Hélène. – Paul?

Paul, *prenant tranquillement une boîte de chocolats et partant s'asseoir*. – Il n'y a rien à faire, chérie, juste à patienter une nouvelle fois.

Hélène. – Attends, on ne va pas rester impassibles!

Pierrette. – Il perd la boule ton Paul là, non?

Paul. – Un petit chocolat?

Mme Dubois. – Ah! j'en veux bien un, moi!

Paul. – Ce sera le huitième, madame Dubois,

Mme Dubois. – Vous avez continué à compter?!

Mme Dubois et Paul sont tranquillement assis en train de manger des chocolats. Pierrette et Hélène les regardent un temps puis elles partent « s'exciter » sur la porte pour tenter de l'ouvrir. Le calme de Paul et Mme Dubois contraste avec l'énervement de Pierrette et Hélène qui crient : « Ouvrez cette porte ! »

FIN

AVIS IMPORTANT

Cette pièce de théâtre fait partie du répertoire de la Société des Auteurs et Compositeurs Dramatiques, 11 bis rue Ballu 75442 PARIS Cedex 09. Tél. : 01 40 23 44 44. Elle ne peut donc être jouée sans l'autorisation de cette société.

Nous conseillons d'en faire la demande avant de commencer les répétitions.

Imprimé à la demande par Books On Demand GmbH, Bad Hersfeld, Allemagne

4e trimestre 2016
1re édition, dépôt légal : décembre 2016
N° d'édition : 201662
ISBN : 978-2-37393-223-2